NORWY

gan Anni Llŷn a
Sioned V Hughes

© Testun: Anni Llŷn a Sioned V Hughes, 2021
© Dyluniad: Peniarth,
Prifysgol Cymru Y Drindod Dewi Sant, 2021

Golygwyd gan Eluned Grandis.

Arluniwyd gan Rhiannon Sparks.
Ffotograffau: © Shutterstock.com, 2021.
T 9 © Danita Delimont / Alamy Stock Photo, © Paul Smith / Alamy Stock Photo.

Cyhoeddwyd yn 2021 gan Peniarth.

Mae Prifysgol Cymru Y Drindod Dewi Sant yn datgan ei hawl moesol dan Ddeddf Hawlfraint,
Dyluniadau a Phatentau 1988 i gael ei hadnabod fel awdur a dylunydd y gwaith yn ôl eu trefn.

Roedd Min allan yn yr ardd yn gwneud gwaith cartref pan glywodd synau od yn dod o ardd Mei.

"Mei… be sy'n digwydd? Be ti'n neud?" holodd Min wrth godi ar ei thraed wedi iddi gropian drwy'r twll cudd yn y ffens.

"Edrycha…" Pwyntiodd Mei tuag at y tŷ.

Yno, wrth y drws cefn roedd ci, blewog. Doedd gan Min ddim syniad pa fath o gi oedd o, edrychai fel blaidd… ond un nerfus a swil.

"O mam bach!! Ciiiiwt!! Wnest ti ddim dweud dy fod yn cael ci newydd!!" Roedd Min wedi gwirioni.

"Ci o'r Lloches ydy o, Norwegian Elkhound, mam ddaeth ag o adra heddiw. Ond does ganddo ddim enw a dw i'n meddwl ei fod o ychydig bach yn drist."

Norwegian Elkhound

Meddyliodd Min am y ci druan a meddyliodd, mae'n rhaid
bod ganddo ofn bod mewn lle dieithr gyda phobl ddieithr.
Eisteddodd y ddau ar riniog y drws a mwytho pen y ci.
Doedd dim cyffro ynddo o gwbwl.

Yna, yn ddirybudd, cododd ei gynffon a'i ysgwyd yn araf.

"Edrycha!" Pwyntiodd Mei at gynffon y ci yn symud yn ara deg o ochr i ochr.

Syllodd y ddau ar y gynffon fach a gyda chwa o wynt oer troellodd y byd o'u cwmpas. Diflannodd y ci a chartref Mei a chyn pen dim roedd Min a Mei yn eistedd ar stepen drws tŷ mawr melyn.

Cododd y ddau ar eu traed a rhyfeddu at y tŷ.

"Waw! Rydyn ni wedi cyrraedd rhywle arbennig!" meddai Min.

"Rhywle arbennig ond oer…" atebodd Mei gan groesi ei freichiau am ei ganol.

Gwelodd faner yn chwifio uwch eu pennau. Baner goch gyda chroes wen a llinell las yn rhedeg drwyddi.

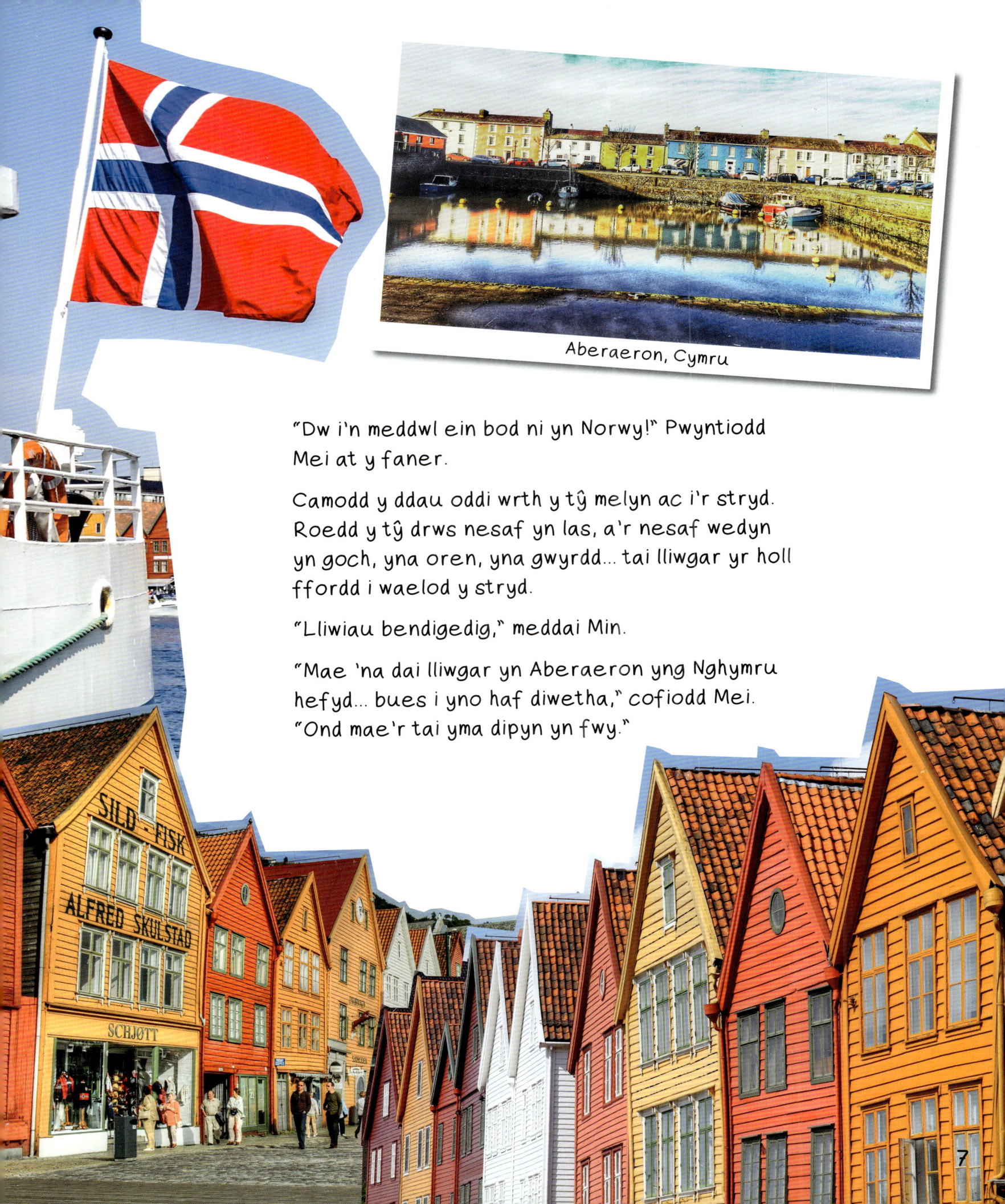

Aberaeron, Cymru

"Dw i'n meddwl ein bod ni yn Norwy!" Pwyntiodd Mei at y faner.

Camodd y ddau oddi wrth y tŷ melyn ac i'r stryd. Roedd y tŷ drws nesaf yn las, a'r nesaf wedyn yn goch, yna oren, yna gwyrdd... tai lliwgar yr holl ffordd i waelod y stryd.

"Lliwiau bendigedig," meddai Min.

"Mae 'na dai lliwgar yn Aberaeron yng Nghymru hefyd... bues i yno haf diwetha," cofiodd Mei. "Ond mae'r tai yma dipyn yn fwy."

Caerdydd

"Efallai y dylet ti fynd â dy gi newydd am dro i Aberaeron felly!!" Chwarddodd Min.

"Syniad da! A mi fedra i fynd â fo am dro i Gaerdydd... mae 'na Eglwys Norwyaidd yno achos roedd yna gymuned o bobl o Norwy yn byw yn y bae."

Ond doedden nhw ddim yn Aberaeron nac yng Nghaerdydd ar yr eiliad honno. Roedden nhw mewn tref fawr yn ne Norwy. Croesodd y ddau'r ffordd tuag at y llyn oedd o'u blaenau. Roedd yn hardd a mynyddoedd uchel yn codi bob ochr iddo. Roedd y mynyddoedd yn disgleirio'n wyn.

Wyddoch chi?
Cafodd yr awdur enwog Roald Dahl ei eni yn Llandaf, Caerdydd a chafodd ei fedyddio yn yr Eglwys Norwyaidd yn 1916. Roedd ei rieni yn dod o Norwy.

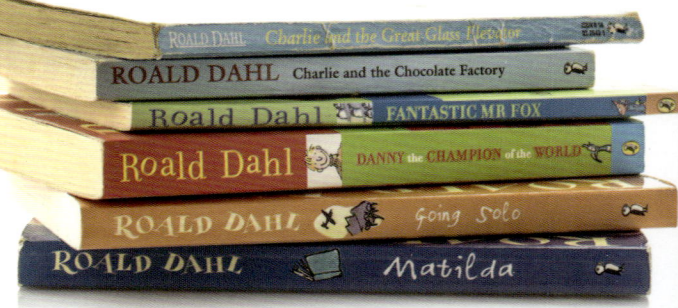

Dillad 'bunad' traddodiadol

"Mae'r llyn yma'n enfawr!" Rhyfeddodd Mei. Yna, clywodd y ddau lais y tu ôl iddyn nhw.

"Llyn? Nid llyn ydy hwnna..."

Trôdd Min a Mei i wynebu bachgen a merch tua'r un oed â nhw mewn dillad tebyg i ddillad dawnsio gwerin. Sylwodd y ferch fod Min a Mei yn edrych yn rhyfedd ar eu gwisg.

"Gwisg draddodiadol Norwy ydy hon, rydyn ni'n cael 'Diwrnod Dathlu Traddodiad' yn yr ysgol heddiw! Peidiwch â meddwl ein bod ni'n gwisgo fel hyn bob dydd..."

Chwarddodd y pedwar ac eglurodd Min a Mei eu bod nhw'n gwisgo dillad tebyg yng Nghymru ar Ddydd Gŵyl Dewi Sant. Ond roedd Min eisiau gwybod mwy am y llyn...

"Mae'n ddrwg gennym ni... mae'n edrych fel llyn," meddai Min.

"Wel mae llyn yn cael ei amgylchynu'n llwyr gan dir. Ond fjord ydy hwn, tebyg i lyn ond y môr ydy o mewn gwirionedd. Os edrychwch chi ar Norwy o'r awyr fe welwch chi fod y tir yn edrych fel petai wedi cracio i gyd ar hyd yr arfordir. Mae Norwy yn enwog am olygfeydd hardd fel y fjord yma," atebodd y bachgen.

Wrth godi llaw i ddiolch iddyn nhw, sylwodd Min ar y faner uwchben y tŷ melyn. Roedd yn chwifio yn ôl ac ymlaen yn araf. Yn sydyn, cododd y gwynt a dechreuodd y dref o'u cwmpas droelli.

Fjord

'Fjord' yw hwn.

Allwch chi weld unrhyw rai eraill?

Norwy

Pan arafodd y gwynt eto a phan beidiodd y byd o'u cwmpas droelli, sylweddolon nhw eu bod yn sefyll o flaen palas enfawr.

Palas brenin Norwy a'i deulu. Roedden nhw'n bendant yn Oslo, y brifddinas, yn awr.

Y Frenhines Sonja o Norwy & Brenin Harald V

Dim ond 12 gwlad yn Ewrop sydd â brenhiniaeth.

Oslo

Daethon nhw at dŷ bwyta â lle i eistedd tu allan. Eisteddodd y ddau gan drafod syniadau am enwau i'r ci.

"Beth am rywbeth syml fel Norwy..." cynigiodd Min.

"Na, mae hwnna'n swnio fel enw i ferch..." Roedd Mei yn ffyslyd iawn!

Roedd bol Min yn gwneud sŵn. Edrychodd ar y fwydlen, yr oedd mewn Norwyeg ar un ochr ac yn Saesneg ar yr ochr arall.

Bergensk fiskesuppe *Bergen Fish soup*	119kr £10
Kjøttkaker *Meatballs*	95kr £8
Pinnekjøtt *Lamb chops*	179kr £15
Klippfisk *Dried salted fish*	119kr £10
Raspeballer *Potato dumplings*	71kr £6
Rakfisk *Fermented raw Trout*	143kr £12
Lutefisk *Dried cod in brine*	119kr £10
Svele *Pancakes*	53kr £4.50
Lefse *Sweet flatbread*	53kr £4.50

"Pam fod 'na gymaint o bysgod ar y fwydlen?" holodd Mei yn bwdlyd, doedd o ddim yn hoff o fwyta pysgod.

"Wel, oni bai am China, Norwy yw'r wlad sy'n allforio'r mwyaf o bysgod drwy'r byd! Mae pysgota a gwerthu pysgod yn un o brif ddiwydiannau Norwy."

Lapskaus

Lobsgows

Yn sydyn, trôdd bachgen o'r bwrdd drws nesaf atyn nhw a dweud:

"Os mai bwyd ydych chi eisiau, a dydych chi ddim yn hoff iawn o bysgod, triwch y Lapskous. Cawl cig, tatws a llysiau. Bwyd traddodiadol oedd yn cael ei gysylltu â'r morwyr."

"Lobsgows?!!" Cododd Mei ei lais mewn syndod. "Ond maen nhw'n bwyta "lobsgows" yng ngogledd Cymru!! R'un fath â'r "cawl" yn y de!!"

Roedd hyn yn rhyfeddod, bod yna'r fath gysylltiad rhwng Cymru a Norwy.

hei
helo

ha det bra
hwyl fawr

Roedd y bachgen yn garedig iawn a dysgodd ychydig o'r iaith Norwyeg i Min a Mei.

"Mae dweud 'helo' yn hawdd," meddai, "ti'n dweud 'hei' neu 'hallo'."

"Mae hynna'n debyg iawn i'r ffordd yr ydyn ni'n dweud 'helo' neu 'haia'," meddai Mei.

"Ac i ddweud 'hwyl fawr' rydyn ni'n dweud 'ha det bra'... triwch e."

"Ha det bra!" meddai Min.

"Ha det bra!" meddai Mei.

Iaith Norwyeg

nei
na

ja
ie

Takk
diolch

1 - en
2 - to
3 - tre
4 - fire
5 - fem

16

Soniodd y bachgen wrthyn nhw fod dwy brif iaith yn
Norwy. Norwyeg oedd yr un fwyaf amlwg ond roedd
'na bobl yn y gogledd yn siarad Sámi hefyd ac roedd
honno'n cael ei hystyried yn iaith swyddogol hefyd.

Mae pobl Sámi wedi byw ers miloedd o flynyddoedd
yng ngogledd Sweden a Norwy. Maen nhw'n cael eu
cysylltu gyda thraddodiadau o hel ceirw Llychlyn
a bellach dim ond pobl Sámi sydd â'r hawl i gasglu'r
ceirw arbennig.

Yn sydyn, cododd y gwynt nes codi'r lliain bwrdd o'u
blaenau a chario Min a Mei i ffwrdd.

Pan lonyddodd popeth, rhyfeddodd y ddau. Doedden nhw ddim yn gallu credu eu llygaid. Roedd 'na eira'n drwch dros bob man a cheirw ym mhob man.

"Edrycha Min... ceirw yn union fel rhai Siôn Corn! Dyma beth mae pobl Sámi yn gofalu amdanyn nhw."

Yn wir, roedd Min a Mei yn teimlo cyffro wrth ddychmygu mai dyma rhai o geirw'r Nadolig! Roedd hi'n dechrau nosi erbyn hyn a'r awyr yn tywyllu.

"Mae'n rhaid ein bod ni yng ngogledd Norwy."

18

Pa anifeiliaid y gallech chi eu gweld yn Norwy?

lyncs

mwsg-garw

eryr llwydfelyn

hysgwn

elc

arth wen

tylluan eryraidd

morfil pensgwar

Mae Goleuni'r
Gogledd i'w weld o
Gymru

Cofiodd Min ei bod wedi darllen am Oleuni'r Gogledd mewn llyfr am ddigwyddiadau naturiol y byd. Roedd hi'n siŵr ei bod wedi darllen fod posibl gweld Goleuni'r Gogledd o ogledd Norwy.

"Be ti'n feddwl 'Goleuni'r Gogledd'?" holodd Mei mewn ychydig o benbleth.

"Yr Aurora Borealis - goleuadau lliwgar, naturiol sy'n ymddangos yn yr awyr. Y mwyaf gogleddol wyt ti ar y blaned, y gorau yw dy siawns o'u gweld. Maen nhw'n hardd iawn..."

Ar y gair, ffrwydrodd goleuadau anhygoel ar draws yr awyr a'r lliwiau llachar yn dawnsio. Roedd Min a Mei yn gwylio'r Aurora Borealis ac roedd yn brofiad hudolus.

Yna, cododd y gwynt yn gryfach y tro hyn. Cododd yr eira o'u cwmpas hefyd gan greu corwynt gwyn. Gafaelodd Min a Mei yn nwylo'i gilydd.

Mewn dim o dro, roedden nhw nôl ar riniog y drws cefn yng nghartref Mei a'r ci yn gorwedd rhyngddyn nhw. Roedd yr eira ar eu cotiau fel llwch hud.

Neidiodd y ddau ar eu traed i ysgwyd yr eira i ffwrdd a dweud yr holl hanes cyffrous wrth y ci.

"...a dyna pryd aethon ni i'r brifddinas... Oslo!" meddai Mei. Wrth iddo ddweud "Oslo" cododd y ci ei glustiau ac yna codi ei ben i edrych arno.

Edrychodd Min a Mei ar ei gilydd gan wenu.

"Oslo!" meddai Mei eto. Cyfarthodd y ci a neidio'n hapus.

"Oslo! Oslo! Dyna beth yw dy enw!!"

Aeth Oslo, Min a Mei i'w gwelyau yn fuan y noson honno
a phob un yn breuddwydio am Norwy, y wlad arbennig.
Tybed i ble arall yn y byd y bydd y ddau ffrind yn mynd
nesaf?

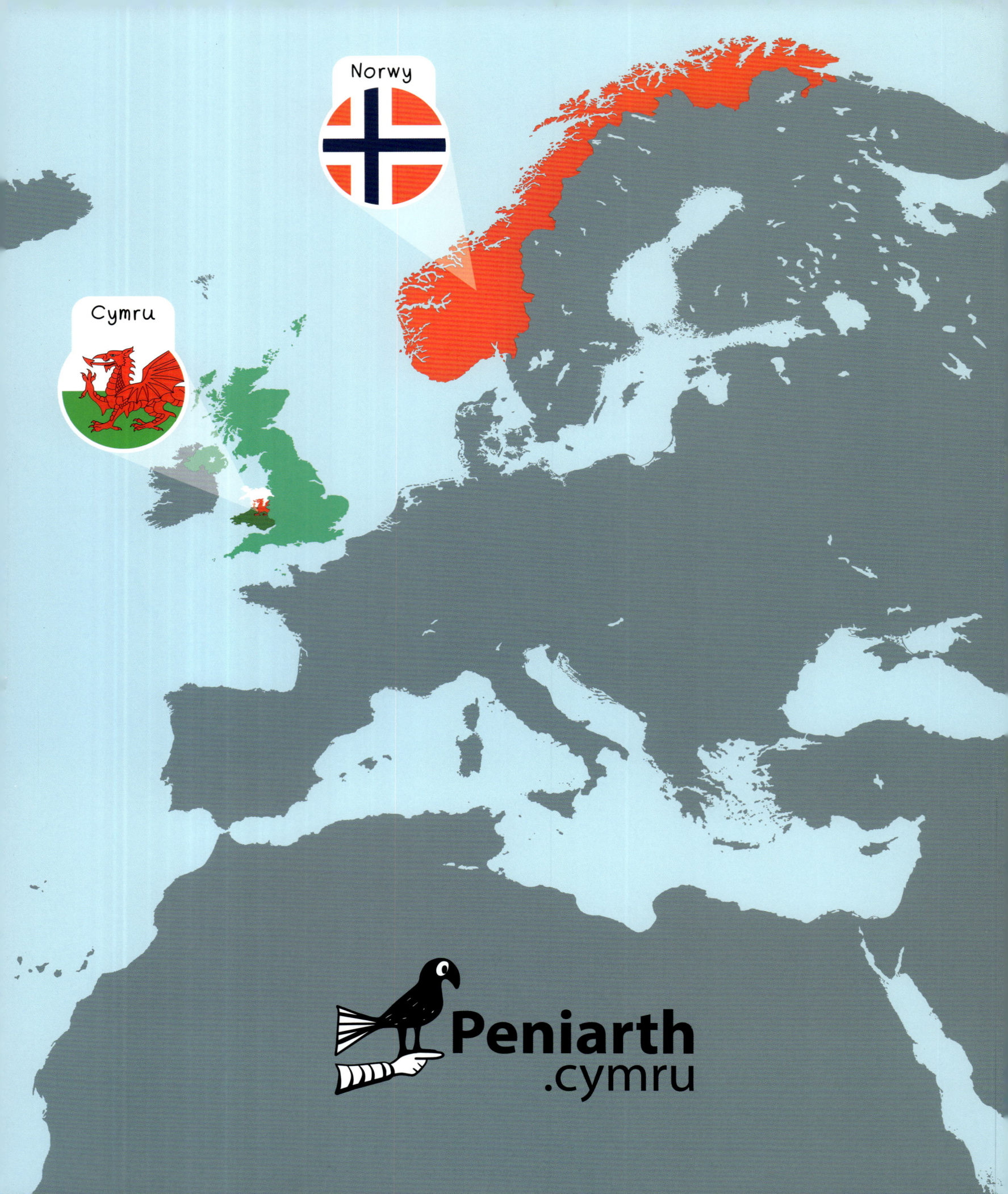

Norwy

Cymru

Peniarth
.cymru